AF131350

LYNDON B. JOHNSON

Un presidente en guerra contra la pobreza

Por Quentin Convard
En colaboración con Pierre Frankignoulle
Traducido por Laura Soler Pinson

LYNDON BAINES JOHNSON

- **¿Nacimiento?** El 27 de agosto de 1908 en Stonewall (Texas).
- **¿Muerte?** El 22 de enero de 1973 en Johnson City (Texas).
- **¿Partido político?** Partido Demócrata.
- **¿Fecha de las elecciones?** El 3 de noviembre de 1964.
- **¿Duración del mandato?** 5 años, 1 mes y 28 días.
- **¿Principales aportaciones?**
  - El programa Great Society.
  - Los programas del sistema de salud Medicare y Medicaid.
  - La Voting Rights Act.
  - La Immigration and Nationality Act.
  - La entrada en guerra en Vietnam.

El demócrata Lyndon Baines Johnson, originario de Texas, se convierte en el trigésimo sexto presidente de Estados Unidos tras el asesinato de John Fitzgerald Kennedy (1917-1963) el 22 de noviembre de 1963. El texano, reelegido el 3 de noviembre de 1964, continúa con su mandato durante los siguientes cuatro años.

De su presidencia se recuerda sobre todo cómo las tropas estadounidenses se empantanaron en el conflicto vietnamita, cuando él es considerado posteriormente el presidente por defecto que sucede al joven príncipe de la política, favorito de los medios de comunicación y del pueblo. Pero Lyndon Baines Johnson no solo es el hombre al que las circunstancias colocan en esa posición: tiene las cualidades y las ideas necesarias para ser un hombre de Estado, al menos en política interior. Tras haber ido subiendo uno a uno los peldaños hasta la cima del poder, moderniza la sociedad estadounidense en tan solo dos años a través de su proyecto de «gran sociedad», antes de mostrar sus carencias en el ámbito de la política internacional.

Si John Fitzgerald Kennedy representa al Estados Unidos soñador e idealista de principios de los años sesenta, Lyndon B. Johnson permite que su nación entre en una nueva realidad, la de la guerra de Vietnam y la de la reflexión sobre el modo de vida del país.

BIOGRAFÍA

Retrato de Lyndon B. Johnson.

UNA JUVENTUD AMBICIOSA

Lyndon B. Johnson, que proviene de un entorno protestante y granjero al que la crisis de principios de los años 1920 ha golpeado de lleno, es el mayor de cinco hermanos. Sam Ealy Johnson (1877-1937), su padre, con fama de vividor, es un apasionado de la política y ocupa algunos cargos a escala local. Su madre, Rebekah Baines (1881-1958), es más discreta, pero alimenta grandes esperanzas para sus hijos.

El joven va a la escuela pública, donde está lejos de brillar por sus resultados. Sin embargo Johnson, delegado de clase, excelente en los debates entre alumnos y jugador de béisbol, es también un alumno avispado y popular. Finalmente, obtiene su título en 1924 y, a continuación, se centra en su carrera como profesor en 1930 y enseña en una pequeña localidad tejana.

Pero unos meses después, Lyndon B. Johnson abandona la educación para lanzarse en política. En 1931, hace campaña en Texas a favor del demócrata Richard Mifflin Kleberg (1887-1955), obtiene un puesto de secretario parlamentario junto a este y se va a Washington. Lyndon B. Johnson, ambicioso, utiliza esta plataforma para aspirar a cargos mucho más prestigiosos. Para lograrlo, se codea con personalidades importantes y se gana su aprecio, como ocurre con Franklin Roosevelt (1882-1945), que se convertirá en su modelo político y en un valioso apoyo para su carrera.

En esa misma época, conoce a su futura mujer, Claudia Alta Taylor (1912-2007), con quien se casa el 17 de noviembre de 1934. Juntos tienen dos hijas, Lynda en 1944 y Lucy en 1947.

La pareja invierte sus ahorros en una pequeña emisora de radio que da sus frutos gracias al dinamismo de Claudia Alta, hasta el punto de convertirlos en millonarios.

UN INICIO DE CARRERA PROMETEDOR

En 1935, la carrera de Lyndon B. Johnson da un importante salto cuando Franklin Roosevelt lo sitúa a la cabeza de una agencia del Gobierno encargada de la juventud en Texas, la National Youth Administration. Este trabajador incansable y hombre con sentido práctico utiliza este puesto para darse a conocer a los electores de su estado y para alcanzar una cierta popularidad. Dos años más tarde, resulta elegido para el Congreso como representante de Austin y del condado de Hill. Es reelegido cada dos años, hasta 1949.

En 1941, aspira a uno de los dos puestos de senador de Texas, pero pierde por poco unas elecciones que algunos consideran fraudulentas. En 1948, intenta entrar en el Senado de nuevo, pero la polémica vuelve a rodear las elecciones. No obstante, en vista de que la investigación no lleva a ninguna parte, es elegido y designado para el comité de las fuerzas armadas. Dos años más tarde, participa en la creación del subcomité de preparación de las fuerzas armadas, que acaba dirigiendo, lo que le otorga un reconocimiento nacional.

Por su estatura, su energía, su desenvoltura, su elocución y su autenticidad, Lyndon B. Johnson se convierte rápidamente en un personaje fundamental del Congreso. En 1953, sus compañeros demócratas lo eligen para ser jefe de la oposición y, al año siguiente, es elegido jefe de la mayoría, después de que los demócratas ganen las elecciones. Así, es el principal interlocutor del presidente republicano Dwight David Eisenhower (1890-1969).

Lyndon B. Johnson se dedica en cuerpo y alma al trabajo, quizás demasiado, ya que sufre un infarto en 1955. Pero en cuanto se recupera, entra en el Senado, donde se granjea la simpatía de sus colegas por su conocimiento de las personas y de las instituciones, e impone su dominación sobre sus iguales.

UN DESTINO QUE CAMBIA DRÁSTICAMENTE

En 1960, Lyndon B. Johnson alberga ambiciones presidenciales. Aparentemente, se muestra muy confiado sobre sus posibilidades de éxito, por lo que no pone a punto la maquinaria electoral y no se reúne con los electores. Por lo tanto, no fomenta la adhesión de partidarios a su candidatura, al contrario que su rival John Fitzgerald Kennedy, elegido para representar al partido ya en la primera vuelta. Sin embargo, aunque durante las primarias son enemigos, los dos hombres conforman el tándem demócrata para las elecciones de 1960. Kennedy, que sabe que no podrá ganar las elecciones sin la ayuda de los demócratas del sur, escoge como vicepresidente a Lyndon B. Johnson, muy querido en Texas.

Retrato de John F. Kennedy.

Aunque Lyndon B. Johnson quiere convertirse en un vicepresidente influyente, se somete a la voluntad del presidente. No obstante, Kennedy le confía tareas prestigiosas, como la presidencia de la NASA y de la Comisión para la Igualdad de Oportunidades en el Empleo. También puede participar en las reuniones más importantes y viaja al extranjero para misiones diplomáticas. A pesar de ello, se ve condenado a estar a la sombra de Kennedy y vive su mandato de vicepresidente como una experiencia frustrante.

El 22 de noviembre de 1963, día del asesinato del presidente en Dallas, el destino de Lyndon B. Johnson cambia drásticamente. A partir de ese momento, es él quien debe presidir el país. Así, presta juramento y se convierte en el trigésimo sexto presidente de Estados Unidos.

Lyndon B. Johnson presta juramento como presidente de Estados Unidos tras el asesinato de John F. Kennedy, el 22 de noviembre de 1963.

Considerado por algunos como un heredero legítimo y, por otros, como un usurpador, continúa la labor de su predecesor. En el plano político, los dos hombres se asemejan, pero sus personalidades son completamente opuestas. Lyndon B. Johnson es un hombre del sur, fascinado por la figura del vaquero, seducido por el imaginario fantasioso de los pioneros, que ha crecido con los relatos de su abuelo sobre la Frontera. Sus enemigos a veces lo tildan de charlatán, grosero y fanfarrón, algo que lo aleja de la figura del intelectual, e incluso desprecia a los universitarios de la costa este, salidos de Yale, de Harvard o de Princeton. Aunque su rapidez al hablar y su elocución son famosas, muestra temor y admiración por las personas que conocen y manejan la dialéctica. En cualquier caso, no deja de ser una figura fundamental del Partido Demócrata, un animal político y un adicto al trabajo que construye su carrera a través de su contacto con personalidades políticas. Se concentra en la política interior, por lo que muestra poco interés por los asuntos exteriores y no presta ninguna atención a Europa, ese viejo continente que en su opinión ya no tiene nada que ofrecer.

Ante todo, es una persona pragmática que no está impregnada de ninguna ideología anquilosante, que cree en el poder de Estados Unidos y que busca mejorar el bienestar de sus conciudadanos. Su objetivo cabe en una frase: la «gran sociedad», que resume de la siguiente manera cuando se dirige a los estudiantes de la Universidad de Michigan el 22 de mayo de 1964: «el fin de la pobreza y de la injusticia racial»[1] (Melandri 2013, 682).

---

1. Cita traducida por 50Minutos.es

Cuatro años después, tras haber recibido numerosas críticas, Lyndon B. Johnson anuncia su negativa a presentarse para un segundo mandato. Entonces, el Partido Demócrata pide al vicepresidente Hubert Humphrey (1911-1978) que se presente a las elecciones presidenciales. Lyndon B. Johnson abandona definitivamente la vida pública y, como hombre sencillo, decide retirarse a su rancho tejano, donde fallecerá a consecuencia de un infarto el 22 de enero de 1973.

Funeral de Lyndon B. Johnson, en 1973.

CONTEXTO POLÍTICO, SOCIAL Y ECONÓMICO

AIRES OPTIMISTAS

Cuando Lyndon B. Johnson accede a la presidencia en 1963, Estados Unidos está en plena transformación ideológica. Los años 1960 representan una oleada de vitalidad y de juventud, pero también de cuestionamientos y de desafíos, de innovación y de libertad. Durante este periodo, abundan los avances tecnológicos, algo que tiene un impacto en la economía del país, pero también en el estilo de vida de los estadounidenses, cuya sociedad tiende cada vez más al consumismo.

El sector automovilístico se convierte en el buque insignia de la industria de Estados Unidos gracias a la universalización del coche —en perjuicio del sistema ferroviario—. Tras la guerra, en 1946, hay 28 millones de coches, frente a los 75 millones de 1965. El automóvil altera el panorama estadounidense con su comitiva de autopistas gigantescas, centros comerciales, barrios periféricos o autoservicios.

Además del coche, las familias también adquieren una comodidad moderna. Secadora, aire acondicionado, lavadora, nada es suficiente para los hogares estadounidenses. A principios de los años 1960, el 96 % de la población tiene una nevera, el 89 % una lavadora y el 80 % un televisor. A partir de ese momento, tener un coche o colocar una antena de televisión en el tejado ya no se percibe como una señal de riqueza, sino más bien como la prueba de una banalización del consumo y de los electrodomésticos.

Pero, a finales de los *fifties*, la economía pierde fuelle y las elecciones presidenciales de 1960 castigan las decisiones de la administración republicana. En efecto, en 1957, el 7 % de la población activa está en el paro, algo inaudito desde hace 20 años. En paralelo, el índice de precios al consumo se incrementa y la tasa anual media de crecimiento, que en el periodo 1947-1952 se sitúa en el 4,3 %, cae al 2,5 % en los siguientes años. Por lo tanto, se critica abiertamente la política económica y social de Dwight David Eisenhower. Además, el Partido Demócrata se hace con el Congreso en 1958.

REAPARICIÓN DEL LIBERALISMO

No obstante, los estadounidenses mantienen su confianza en su sistema democrático, en los dos grandes partidos que dominan el debate y en su Constitución. Desgraciadamente, esto conlleva el desinterés de un amplio sector de la población por la actualidad política. Si no se produce ninguna crisis importante, los estadounidenses votan por costumbre al mismo partido, y hay pocas posibilidades de que cambie la situación. Entre 1932 y 1952, solo los demócratas acceden a los puestos más importantes. Pero la guerra de Corea (1950-1953) y su repercusión en la imagen de Harry S. Truman (hombre de Estado estadounidense, 1884-1972) permiten que los republicanos lleven ventaja durante 8 años, hasta el triunfo de John Fitzgerald Kennedy.

El hombre fuerte de los años 1950 es, sin duda, el republicano Dwight David Eisenhower, general que tiene un halo de prestigio, conservador, reconfortante y simpático. Durante sus dos mandatos, el antiguo militar sigue la corriente y hace lo que un pueblo poco interesado por la política espera de un presidente. Aunque se enfrenta al comunismo y se acerca al mundo de los negocios, la figura del trigésimo cuarto presidente de Estados Unidos quedará relegada rápidamente a un segundo plano por el dinamismo de John Kennedy.

Al final de la década, los estadounidenses se preguntan acerca de su futuro y de su estilo de vida. A pesar de la ralentización de la economía en ese momento, la sociedad estadounidense sigue siendo próspera y la nación puede centrarse en los problemas que durante mucho tiempo se han considerado secundarios.

Los ciudadanos están esperando reformas liberales que mejorarán su sociedad y la consolidarán en su posición de líder del mundo libre frente al peligro comunista. El liberalismo y el progreso social, representados durante un tiempo por Franklin Roosevelt, se ven frenados por el recrudecimiento de la Guerra Fría (1945-1990) y el macartismo (1950-1954). Así, cuando los demócratas vuelven al poder, los desafíos de la sociedad estadounidense se centran en la lucha contra la pobreza y en el combate por una sociedad más igualitaria.

LOS DERECHOS CÍVICOS

Desde el final de la Segunda Guerra Mundial (1939-1945), la cuestión de la segregación se convierte en el tema central del debate político en Estados Unidos. Muchos estadounidenses son conscientes de que los valores de su nación —entre los que figura en primera posición la libertad individual— no pueden cumplirse mientras exista una discriminación de este calibre. Pero el camino hacia la desegregación es molesto. Habrá que esperar hasta 1954, con la sentencia Brown contra la Junta de Educación de Topeka (Kansas) para que la segregación racial en las escuelas sea declarada inconstitucional. Esta decisión es una etapa importante para la igualdad, pero no todos los estados respetan la ley y, en 1957, Dwight David Eisenhower se ve obligado a ordenar la intervención de las tropas federales en Little Rock (Arkansas) para poner punto final a las manifestaciones prosegregación que tienen lugar tras el ingreso de nueve estudiantes negros en un instituto de la ciudad.

LOS NUEVE DE LITTLE ROCK

Los llamados «nueve de Little Rock» son estudiantes afroamericanos a los que se impide estudiar en el Little Rock Central High School, donde aun así están matriculados. Es la primera vez que este establecimiento escolar acoge a alumnos negros. Pero el gobernador del estado, Orval Faubus (1910-1994), que se opone con vehemencia a la desegregación, envía a la guardia nacional para que impida que estos adolescentes entren en el instituto el día que empieza el nuevo curso escolar, el 3 de septiembre de 1957. Durante casi tres semanas, la ciudad vive al ritmo de las manifestaciones.

El 24 de septiembre, tras la intervención de unos 1000 soldados de la 101.ª división que el presidente ha ordenado transportar por el aire, siete de los nueve estudiantes negros entran en el instituto. Pero la violencia

> continúa fuera del establecimiento escolar y cada estudiante debe recibir la protección de un soldado.

Bajo el impulso de grandes asociaciones de defensa de los derechos de los afroamericanos, como la NAACP (National Association for the Advancement of Colored People, la Asociación Nacional para el Progreso de la Gente de Color) o la Urban League (Liga Urbana), los negros llevan a cabo una revuelta no violenta, en la que multiplican las sentadas o los *freedom rides* (acciones que algunos militantes efectúan en autobuses interestatales para comprobar que la segregación en esos medios de transporte se ha abolido realmente).

A principios de los años 1960, todavía queda mucho por hacer con respecto a la desegregación. Por lo tanto, sigue siendo un desafío para los demócratas. John Kennedy entiende a la perfección la situación e intenta evitar perder los votos de los blancos del sur, mientras se asegura los del electorado negro. Su primer objetivo es reforzar los textos que ya existen sin mostrar demasiado apoyo a los militantes, cuyo activismo y desobediencia civil lo irritan. Su sucesor, Lyndon B. Johnson, irá más allá en estas cuestiones, y se comprometerá claramente con la lucha. Sin embargo, paradójicamente, será más criticado y menos apreciado por la comunidad afroamericana.

LA LUCHA CONTRA EL COMUNISMO EN ASIA

Tras la Segunda Guerra Mundial, la política exterior se resume a una guerra encarnizada contra el comunismo y el bloque soviético. Aunque en Europa la situación apenas cambia, Asia preocupa a los estadounidenses tras el avance de las ideologías marxistas en el continente. En 1950, los militares de Estados Unidos han tenido que intervenir en Corea, lo que deriva en tres largos años de conflicto que terminan con la creación de un Estado comunista al norte y de un Estado democrático al sur. En 1962, Estados Unidos vuelve de nuevo a este continente para apoyar a India frente al ejército chino.

En opinión de los estadounidenses, China está intentando abarcar a los países asiáticos e imponer su dominación ideológica sobre ellos. Si Vietnam acabase en manos de los comunistas, las demás naciones vendrían detrás e irían cayendo una tras otra, como piezas de dominó. Por lo tanto, hay que frenar la expansión comunista en esta parte de mundo a cualquier precio y lo más rápidamente posible. ¿Pero cómo lograrlo? No es fácil encontrar la respuesta, dada la falta de conocimientos que los estadounidenses tienen sobre el mundo asiático. Así, se decide no enviar tropas, sino espías para apoyar los esfuerzos democráticos de Ngo Dinh Diem (1901-1963), primer ministro de Vietnam del Sur. Bajo el mandato de John Kennedy, la situación empeora y se produce un peligroso giro de los acontecimientos cuando el presidente decide enviar en secreto aviones y agentes de la CIA. Pero la responsabilidad de ordenar la entrada de su país en un conflicto abierto recae sobre Lyndon B. Johnson.

MOMENTOS CLAVE

UN NUEVO MÉTODO DE TRABAJO

El nuevo inquilino de la Casa Blanca está muy decidido a imponer su estilo. Para empezar, se aleja de muchos afines a Kennedy. Solo deja a su alrededor a Robert McNamara (secretario de Defensa, 1916-2009), a Dean Rusk (secretario de Estado, 1909-1994) y a Walt Rostow (consejero especial de Seguridad Nacional, 1916-2003). Por lo que respecta al resto, el tejano escoge a hombres de su entorno, más jóvenes y menos influyentes.

Al contrario que John Kennedy, a quien a veces se consideraba laxista en su trabajo y que delegaba mucho en sus colaboradores, Lyndon B. Johnson está omnipresente. Aunque parece autoritario, invasivo y exigente, también tiene una personalidad encantadora y construye su carrera mediante los contactos humanos. Se informa sobre la actualidad y sobre las realidades sociales a través de la prensa, pero también a través de sus numerosos contactos en el Congreso. Y es que esa es una de las ventajas fundamentales del nuevo presidente. La relación con los *congressmen* es excelente, sobre todo tras la victoria amplia de los demócratas en las elecciones de 1964. No duda en adular a los legisladores y en mostrarlo, en dejarlos participar en los proyectos de ley, en consultarlos con frecuencia e, incluso, en invitarlos a la Casa Blanca o llamarlos por teléfono personalmente para que voten lo que el ejecutivo ha decidido. En 1965, el presidente solo ha sufrido un auténtico revés: la negativa del Congreso a derogar la cláusula 14b de la Ley Taft-Hartley, votada en

1946, para controlar el poder de los sindicatos.

Sin embargo, su relación con los medios de comunicación es más caótica. Mientras que John Kennedy era el favorito de la prensa y, sobre todo, de la televisión, a Lyndon B. Johnson le ocurre todo lo contrario. Se siente incómodo con estas prácticas, así que se presta a este juego sin éxito. El presidente, considerado demasiado grosero o demasiado «político» por una prensa acostumbrada a la elegancia del matrimonio Kennedy y que, por comparación, desprecia la autenticidad sudista de los Johnson, también recibe críticas por tomarse libertades con la verdad. No obstante, no es el primero en intentar utilizar a la prensa o influir en ella, pero no se le perdona. No hay nada que hacer, no hay química, y eso no le ayuda a que la opinión pública lo entienda, ni a que los círculos universitarios e intelectuales lo aprecien.

LAS ELECCIONES DE 1964

Aunque Lyndon B. Johnson no es muy popular, sale elegido con una gran ventaja en las elecciones presidenciales de 1964. Recibe 43 120 000 votos contra los 27 175 000 de su adversario, el republicano Barry Goldwater (1909-1998). Este millonario ultraconservador, feroz oponente al comunismo y hostil al Estado del bienestar, llega a preocupar dentro de su propio partido, centrando el debate en la contención del comunismo en Asia, mientras que Lyndon B. Johnson promete un futuro mejor a sus conciudadanos.

Esta consagración en las urnas refuerza el concepto de «gran sociedad» de Lyndon B. Johnson. El mandatario, que siente que está al cargo de una importante misión y que muestra el mayor respeto posible por la función presidencial, dedica sus dos primeros años de gobierno a la modernización de la sociedad estadounidense y fija los problemas que deben solucionarse: la pobreza y la discriminación racial.

LA GUERRA CONTRA LA POBREZA

Es difícil identificar la pobreza en Estados Unidos porque reviste distintas formas. Afecta tanto a negros que son víctimas de la discriminación como a blancos que acaban de perder su empleo, a jóvenes fuera de la escuela o a ancianos que no reciben los cuidados necesarios para sobrevivir. Por lo tanto, es complicado concebir un programa uniforme para responder a las necesidades de personas tan diferentes. Para mejorar un poco la situación, Lyndon B. Johnson vota en agosto de 1964 la Economic Opportunity Act, que prevé una ayuda económica de mil millones de dólares para los más desfavorecidos.

Para Lyndon B. Johnson, la guerra contra la pobreza pasa obligatoriamente por la mejora de la formación profesional, de la alimentación y de las viviendas para las comunidades más desfavorecidas. Además, cree que se debe sacar a la población pobre del estado anímico que le impide avanzar, gracias a una educación mejor y a una mayor integración en el mercado de trabajo, pero también conviene responsabilizarla haciéndola participar en el esfuerzo del país. Pero resulta difícil aprobar la ley en un país que no se muestra muy solidario con los más desfavorecidos. En efecto, algunos están asustados por la velocidad con la que aumenta el número de habitantes en los guetos negros, otros no ven con buenos ojos la creación de una «nación de dependientes»; otros incluso se muestran hostiles a la intrusión del Estado federal y preferirían que estas cuestiones fueran debatidas a escala local. Sin embargo, aunque el programa social del presidente parece difuso, a pesar de que los más ricos temen perder su dinero y de que los beneficiarios no están seguros de las consecuencias del programa, Estados Unidos entiende que es necesario aceptar esta reforma social.

La Office of Economic Opportunity, creada inmediatamente después y dirigida por Sargent Shriver (1915-2011), el cuñado de John Kennedy, propone programas de aprendizaje, un apoyo al pequeño comercio y a los granjeros más pobres y la creación de escuelas prescolares y de centros de ocio en los barrios. Por su parte, los Community Action Programs se fundan para gestionar los servicios del programa. El objetivo de estos proyectos es también dar trabajo a jóvenes de barrios problemáticos para apartarlos de la tentación de la droga y de las bandas de delincuentes e integrarlos en la comunidad y en la vida ciudadana. Pero al año siguiente, el tejano va más allá en su reforma de una sociedad más igualitaria con la implementación de un seguro médico para los ancianos.

EL SEGURO MÉDICO

El 30 de julio de 1965, Lyndon B. Johnson va a Misuri para reunirse con Harry S. Truman y su esposa, Bess Truman (1885-1982), y acompañado por ellos firma el programa de seguro médico llamado Medicare. En esa época, los antiguos presidentes no reciben ayudas financieras tras su mandato. Así, Harry S. Truman solo vive de las rentas de sus memorias, pero en 1964, tras una caída, la salud del trigésimo tercer presidente de Estados Unidos decae y, como muchos ancianos, la pareja es incapaz de pagar la atención médica. Por lo tanto, la visita de Lyndon B. Johnson es simbólica, pero la ley que deriva de ello es de una importancia capital y transforma la sociedad estadounidense. A partir de ese momento, las personas de más de 65 años disfrutan de un seguro médico. Sin embargo, los empleados federales que gozan de un régimen especial y los extranjeros que viven desde hace menos de 5 años en el país no entran en el programa.

El Medicaid, otro programa votado al mismo tiempo, completa la ley y permite recibir atención médica gratuita a las personas que viven bajo el umbral de pobreza. Este proyecto continúa la política de John Kennedy. En efecto, este último declara el 20 de mayo de 1962, ante 20 000 personas reunidas en el Madison Square Garden, que esta cuestión será prioritaria durante su mandato, a pesar de la resistencia encarnizada de los sindicatos de médicos. Tras él, Lyndon B. Johnson lleva a cabo una presión eficaz ante los legisladores, considerando que esta ley se basa en una necesidad moral. Gracias a su conocimiento del entramado administrativo y político, el presidente logra que la ley sea aprobada.

LOS DERECHOS CÍVICOS

Lyndon B. Johnson acepta a duras penas el destino que sufren sus conciudadanos negros. Así, emprende acciones para la causa afroamericana y va más allá que John Kennedy en esta cuestión. A partir de 1964, a iniciativa del tejano se vota la Civil Rights Act, que prohíbe cualquier discriminación por raza, color de piel, religión u orígenes étnicos, y prevé la suspensión de las subvenciones federales a los estados que no respeten el texto. Esta ley se verá completada en 1965 con la Voting Rights Act, que permite garantizar el derecho de voto a todos y suprimir la discriminación en los lugares públicos, en los servicios y también en el trabajo. De paso, el derecho de voto ya no se somete al pago de un impuesto ni a un examen de conocimientos. Además, el procurador general ahora está autorizado a enviar inspectores para comprobar que la población negra no tiene ningún problema a la hora de inscribirse en las listas electorales. Los resultados son espectaculares en los estados en los que se registra la menor participación electoral de los negros: en Alabama, los inscritos pasan de un 19 % a un 53 % entre 1964 y 1968.

No obstante, nace una oposición feroz a esta ley. Los representantes del sur, que están a favor de la segregación, emplean todos los medios posibles para ralentizar el proyecto de ley. Así, proponen 175 enmiendas y recurren al filibusterismo, práctica que consiste en alargar los debates el mayor tiempo posible, a no ser que una votación de clausura ponga punto final a esta obstrucción. De nuevo, Lyndon B. Johnson ejerce una poderosa presión sobre los legisladores demócratas y republicanos y negocia hábilmente con Everett Dirksen (1896-1969), el líder republicano en el Senado.

El 24 de septiembre de 1965, el presidente firma una orden ejecutiva que recomienda a las empresas y a las instituciones que reciben fondos federales reservar a las minorías no blancas y a las mujeres una parte de los puestos vacantes: esta es la base de la *affirmative action*, es decir, de la discriminación positiva. Tres años más tarde, el Congreso abole la discriminación racial en materia de vivienda.

LA IMMIGRATION AND NATIONALITY ACT DE 1965

El 3 de octubre de 1965, Lyndon B. Johnson firma de forma simbólica, a los pies de la estatua de la Libertad, una nueva ley sobre inmigración que deroga las restricciones sobre los cupos que datan de los años 1920. A partir de ese momento, existen dos grupos de candidatos para la inmigración: se prevén 170 000 visas para el hemisferio oriental (Europa en particular) y 120 000 para el hemisferio occidental (América Latina, principalmente). Estos cupos se modificarán con el tiempo varias veces.

Por otra parte, ahora se privilegia la reagrupación familiar, más que los títulos o las solicitudes de asilo político. Así, esta ley pone punto final al cierre de las fronteras y a las leyes discriminatorias en función del origen nacional que prevalecían hasta este momento. De esta manera, Estados Unidos, al que a menudo se acusa de negar la entrada a los más necesitados y de favorecer a los europeos, se convierte en una potencia acogedora que recibe cada año el mayor número de inmigrantes. La Immigration and Nationality Act de 1965 marca así un giro en la política internacional estadounidense.

LA GUERRA DE VIETNAM

A pesar de su deseo de continuar con su programa de «gran sociedad», Lyndon B. Johnson también quiere parecer un presidente poderoso, enemigo del comunismo, para responder a las críticas de los republicanos. De hecho, sobre él recaerá la difícil decisión de entrar en guerra contra Vietnam.

Antes que él, John Kennedy había autorizado a la CIA para llevar a cabo misiones de espionaje en Vietnam para conocer mejor la situación sobre el terreno. Esto no quiere decir que informara al Congreso y menos aún a la opinión pública. Lyndon B. Johnson sigue el mismo camino, dando total libertad a los Boinas Verdes, las fuerzas especiales vinculadas a la CIA. Pero una vez sobre el terreno, la situación empeora: el presidente de la República de Vietnam, Ngo Dinh Diem, es asesinado y los comunistas del sur de Vietnam crean el Viet Cong (el Frente Nacional de Liberación de Vietnam del Sur).

Por consiguiente, para el presidente, hay que darse prisa en atacar con contundencia para volver a dedicarse por completo a la política interior. Entonces, cuando el 2 de agosto de 1964 el destructor estadounidense Maddox, atracado en el golfo de Tonkín, es atacado por torpedos norvietnamitas, Lyndon B. Johnson recibe el aval del Congreso para replicar. A partir del 5 de agosto, lanza una ofensiva aérea sobre Vietnam del Norte. De esta manera, el pueblo estadounidense se implica en el conflicto sin darse realmente cuenta, pero con la certeza de que será rápido.

¿INFORMACIÓN O INTOXICACIÓN?

Unos años después del final del conflicto, el *New York Times* y el *Washington Post* informan a los estadounidenses de que el ataque del Maddox era más resultado de un error que de una auténtica misión preparada. Pero así se había encontrado una excusa perfecta para atacar Vietnam.

Aunque los estadounidenses tienen el control aéreo, se ven frenados por las guerrillas comunistas y ceden en los combates terrestres. El general William Westmoreland (1914-2005) reclama más hombres, algo que le será concedido: entre 1964 y 1968, los efectivos pasan de 23 000 soldados a 480 000. A pesar de ello, la situación no mejora y las pérdidas son cuantiosas. Resuenan las críticas acerca de cómo gestiona el conflicto Lyndon B. Johnson. En marzo de 1968, la mayoría de la población se declara a favor de la continuación del conflicto, pero el 78 % considera que el tejano no es la persona indicada para gestionarlo. Lyndon B. Johnson, que tiene que enfrentarse a una lluvia de críticas, decide no presentarse para un segundo mandato y anuncia su decisión en televisión el 28 de marzo de 1968. Hubert Humphrey, su vicepresidente, resulta elegido por el Partido Demócrata para representar a la formación en las elecciones, pero cae derrotado frente a Richard Nixon (1913-1994).

REPERCUSIONES

Aunque el mandato de Lyndon B. Johnson cae rápidamente en el olvido, lo cierto es que transforma profundamente Estados Unidos. El presidente, desprovisto de ideología alienante, pragmático, capaz de cambiar su punto de vista según los sondeos, es el precursor del hombre político moderno. Pero no será hasta 1990 cuando los estadounidenses rehabiliten su figura.

Es uno de los presidentes estadounidenses que —aprovechando un contexto ciertamente favorable— ha trabajado con más ahínco por el bienestar de sus conciudadanos. Pero la guerra de Vietnam lo obliga a alejarse progresivamente de su sueño de «gran sociedad»: ya no supervisa tan escrupulosamente la aplicación de su programa social y el conflicto ocupa una gran parte de los presupuestos federales. No obstante, aunque la pobreza no desparece, lo cierto es que disminuye. Esto se puede observar sobre todo en el sur, gracias al desarrollo del Sun Belt, pero también porque muchos desfavorecidos han preferido probar suerte en las ciudades industriales del norte.

EL SUN BELT

El Sun Belt es el nombre que se da a los estados del sur y del oeste de Estados Unidos que, por su dinamismo económico y por su clima soleado, ofrecen un marco de vida agradable a sus habitantes. Esta región atrae a muchos inmigrantes que buscan trabajo en el sector de la agricultura y de la pesca, pero también por las numerosas minas de oro y los yacimientos de petróleo que abundan en la zona.

Por su parte, el Medicare y el Medicaid dan sus frutos. La situación de los ancianos mejora visiblemente y el número de pobres en todo el país disminuye ostensiblemente: en 1959, eran 39 millones —lo que representa al 22 % de la población de Estados Unidos—, mientras que en 1973, ya no son más que 23 millones —es decir, el 11 %—.

Pero la proporción de personas que deben recibir ayuda aumenta. En 1960, eran 7,1 millones, mientras que en 1969 pasan a ser 11,1 millones. Eso crea una división en la sociedad. Por una parte, los contribuyentes apuntan hacia un sistema ilógico donde no se recompensa el esfuerzo; por otra parte, los desfavorecidos esperan cada vez algo más y se sienten víctimas de las esperanzas fallidas.

Pero el ejemplo más significativo de las desilusiones del mandato de Lyndon B. Johnson tiene que ver con los derechos cívicos. El presidente se ha comprometido con energía en el combate y sus avances en la cuestión provocan el deseo de los afroamericanos de acelerar el proceso de desegregación.

Lyndon B. Johnson firmando la Ley de Derechos Civiles de 1964. Detrás suyo, podemos ver a Martin Luther King Jr.

Sin embargo, la discriminación no desaparece y, en la segunda mitad del siglo XX, los negros todavía experimentan una tasa de desempleo muy elevada: en 1963, el 29,2 % de los afroamericanos se ven afectados. Frente a esta situación, se radicaliza el movimiento de protesta y durante la segunda mitad de los años 1960 se produce una sucesión de disturbios raciales que provocan que la opinión pública dude de la validez de la igualdad entre blancos y negros.

LOS DISTURBIOS DE WATTS

Una noche de verano de 1965, en Los Ángeles, un policía arresta a un joven negro por un exceso de velocidad. Este último está borracho y no se somete a las peticiones del oficial. Los habitantes del barrio acuden, alertados por el ruido provocado por la detención. La situación degenera cuando los policías hacen uso de sus armas. Del 11 al 17 de agosto, se saquean y se queman tiendas y autobuses, y algunos afroamericanos atacan a policías. Al término de estos 6 días de motín, la cifra de muertos se eleva a 34.

Desgraciadamente, los disturbios de Watts no son la única insurrección racial que se produce en esta época. Se cuentan 43 solo en 1966, 164 durante los primeros meses de 1967 y un centenar tras el asesinato de Martin Luther King (pastor estadounidense, 1929-1968). Entre 1965 y 1968, los enfrentamientos provocan la muerte de 225 personas, hieren a otras 4000 y los daños materiales se elevan a 112 millones de dólares. Aunque Lyndon B. Jonhson ha ido más allá que sus predecesores en la igualdad entre blancos y negros, lo cierto es que recibe críticas de los afroamericanos, que preferían a John Fitzgerald Kennedy, que tenía mejores cualidades comunicativas.

Para acabar, es imposible separar el nombre de Lyndon B. Johnson de la guerra de Vietnam, percibida como un traumatismo por los estadounidenses y cuyas pérdidas humanas se elevan a 60 000 muertos. Así, la responsabilidad de poner punto final al conflicto recae sobre Richard Nixon. La guerra es cada vez menos popular entre la opinión pública. Los acuerdos de paz de París provocan en 1973 la retirada militar estadounidense.

EN RESUMEN

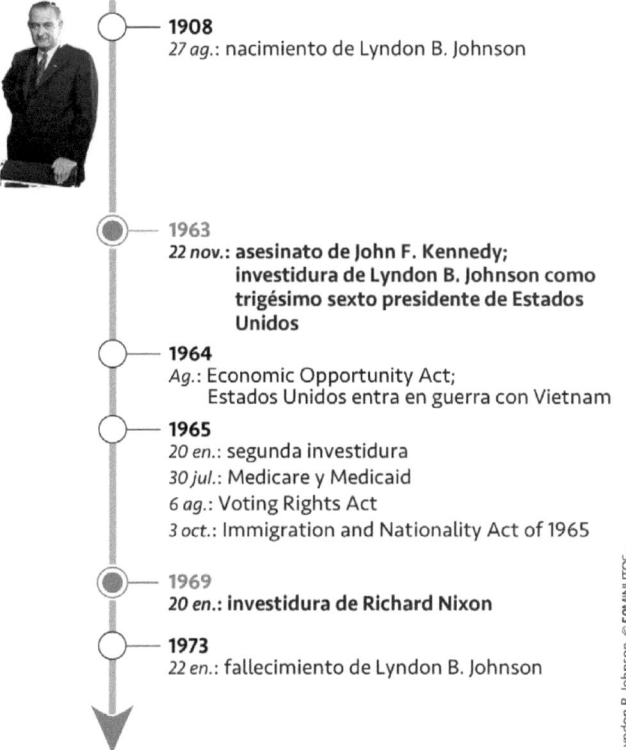

1908
27 ag.: nacimiento de Lyndon B. Johnson

1963
**22 nov.: asesinato de John F. Kennedy;
investidura de Lyndon B. Johnson como
trigésimo sexto presidente de Estados
Unidos**

1964
Ag.: Economic Opportunity Act;
Estados Unidos entra en guerra con Vietnam

1965
20 en.: segunda investidura
30 jul.: Medicare y Medicaid
6 ag.: Voting Rights Act
3 oct.: Immigration and Nationality Act of 1965

1969
20 en.: investidura de Richard Nixon

1973
22 en.: fallecimiento de Lyndon B. Johnson

Lyndon B. Johnson © 50MINUTOS.es

- Nacido en 1908, Lyndon Baines Johnson sube uno a uno los peldaños de la política estadounidense antes de convertirse en presidente. Asistente parlamentario de Richard Kleberg, representante demócrata de Texas en

1937, senador en 1948 y jefe de filas demócrata en 1951 en el Congreso, accede a la vicepresidencia en 1960.

- Pero el 22 de noviembre de 1963, John F. Kennedy es asesinado en Dallas. Lyndon B. Johnson se convierte entonces en presidente.
- En 1964, es elegido con una gran ventaja frente al republicano Barry Goldwater.
- Respaldado por su éxito electoral que le permite salir de la sombra de su predecesor, Lyndon B. Johnson propone una serie de leyes que se incluyen en su programa de «gran sociedad», que tiene por objetivo mejorar la comodidad de sus conciudadanos y la imagen de su país.
- Frente a la situación delicada en Vietnam, Lyndon B. Johnson se ve obligado a enviar a soldados estadounidenses para luchar en el continente asiático. Pero el atolladero en el que se encuentran las tropas perjudica su imagen.
- Durante su mandato, lleva a cabo muchas acciones para la igualdad entre negros y blancos. Pero a pesar de los avances, los movimientos de liberación de los negros se radicalizan y estallan numerosos disturbios raciales durante los años sesenta que perjudican la popularidad del presidente, quien decide no volver a presentarse en 1968.
- Lyndon B. Johnson se retira a su rancho de Texas en 1969 y muere en 1973.

¡Tu opinión nos interesa!
¡Deja un comentario en la página web de tu librería en línea,
y comparte tus favoritos en las redes sociales!

PARA IR MÁS ALLÁ

FUENTES BIBLIOGRÁFICAS

- Andrew, John A. 1999. *Lyndon Johnson and the Great Society*. Chicago: Ivan R. Dee.
- Bornet, Vaughn Davis. 1988. *The Presidency of Lyndon B. Johnson*. Lawrence: University Press of Kansas.
- Caruth, Gordon. 1993. *The Encyclopedia of American Facts and Dates*. Nueva York: Harper Collins.
- Johnson, Lyndon Baines. 1972. *Ma vie de président: 1963-1969*. París: Buchet/Castel.
- Kaspi, André. 1986. *Les Américains. Les États-Unis de 1945 à nos jours*. París: Seuil.
- Kaspi, André y Hélène Harter. 2012. *Les Présidents américains*. París: Tallandier.
- Mélandri, Pierre. 2013. *Histoire des États-Unis. L'Ascension. 1865-1974*. París: Perrin, colección *Tempus*.
- Portes, Jacques. 2007. *Lyndon Johnson. Le paradoxe américain*. París: Payot.
- Starr, Paul. 1982. *The Social Transformation of American Medecine*. Nueva York: Basic Books.
- White, William Smith. 1965. *Lyndon B. Johnson. Le professionnel*. París: Buchet/Chastel.

FUENTES ICONOGRÁFICAS

- Retrato de Lyndon B. Johnson. La imagen reproducida está libre de derechos.
- Retrato de John F. Kennedy. La imagen reproducida está libre de derechos.

- Lyndon B. Johnson presta juramento como presidente de Estados Unidos tras el asesinato de John F. Kennedy, el 22 de noviembre de 1963. La imagen reproducida está libre de derechos.
- Funeral de Lyndon B. Johnson, en 1973. La imagen reproducida está libre de derechos.
- Lyndon B. Johnson firmando la Ley de Derechos Civiles de 1964. Detrás suyo, podemos ver a Martin Luther King Jr. La imagen reproducida está libre de derechos.

PELÍCULAS

En el cine, Lyndon Baines Johnson ha sido interpretado por:

- Walter Adrian en la película *Trece días*. Dirigida por Roger Donaldson. Estados Unidos: Alliance Atlantis, New Line Cinema y Beacon Pictures Production, 2000.
- Liev Schreiber en la película *El mayordomo*. Dirigida por Lee Daniels. Estados Unidos: The Weinstein Company, Laura Ziskin Productions y Windy Hill Pictures, 2013.
- Sean McGraw en la película *Parkland*. Dirigida por Peter Landesman. Estados Unidos: Exclusive Media y Playtone, 2013.